初信者シリーズ 5

ウオッチマン・ニー著

人々をキリストに導く

JN061252

JGW日本福音書房

人々をキリストに導く

聖書：ローマ一・十六、十・十四、Ⅰテモテ二・一、四、マルコ十六・十五

前編で述べましたように、人は主を信じたら主のために証しをするべきです。今回はどのように人々をキリストに導くかを交わりたいと思います。もしどのように人々を導くかを知らないなら、証しの多くが無駄になってしまうかもしれないからです。人々をキリストに導くためには、いくつかのなすべきことや学ぶべきことがあるのです。わたしたちはこれを二つの部類に分けることができます。第一は、人のために神の御前に来ることです。第二は、神のために人の前に行くことです。これに加えてビラを配ることについて付け加えたいと思います。

一　人のために神の御前に来る

A　祈りは人々をキリストに導くための基本的な働きである

人々をキリストに導くための基本的な働きがあります。それは人に語りかける前に、まず神の御前で口を開いていなければならないということです。まず神に求め、それから人の前に行って語るのです。まず神の御前に行って語るのであって、先に人に語るのではありません。ある兄弟姉妹たちはとても熱心に人を主に導こうとするのですが、その人たちのために祈っていません。神の御前で負担がなければ、人の間で関心があったとしても、人を救う働きはやはり成功しないということを、わたしたちは知らなければなりません。神の御前で負担があってこそ、人の前で証しができるのです。

主イエスは言われました、「父がわたしに与えてくださる者はみな、わたしに来る」（ヨハネ六・三七）。使徒行伝第二章四七節では、主は救われる人たちを日ごとに教会に加えてくださったと記しています。ですから、第一のことはまず神に人を求めること、神が人を主イエスに与えてくださるよう、人を教会に加えてくださるよう要求することです。救われる人というのは、求めることによって、願い求めることによって神から出てきた人である必要があります。しかも人の心は最も取り扱いにくいものであって、容易に主に向きを換えさせることはできませんから、まず神の御前でよくよくこの人たちのために祈り、神があの強い者を縛りあげてくださるよう求めるべきです(ルカ十一・二一、二二)。そうしてはじめて注意深く彼らに語ります。必ず一人一人神の御前に置き、よくよく祈るべきです。そうしてはじめて効果的に人をキリストに導くことができるでしょう。

人をキリストに導くことのできる人は、みな祈ることのできる人です。もし祈りの答えに問題があるなら、行って主のために証しをすることにも問題があるでしょう。もし祈りにおいて確信がないなら、人々をキリストに導くことでも確信がないでしょう。ですから、祈りの学課において実際的な学びがあるべきです。いい加減に放っておいてはいけません。

B　記録ノートを準備する

よくよく人のために祈ろうとするなら、記録ノートを準備するのがよいでしょう。神が救いたい人の名前を、神があなたの心に置いてくださるよう願います。あなたは救われたばかりの時、どのようにして過去における人に対する過ちを償ったでしょうか？　どのようにしてあの人に償いをすべきだと知ったのでしょうか？　主がその人をあなたの心の中に置いてくださり、その事を思い出させてくださったので、償いに行かざるを得なかったのではないでしょうか？　ある日、ある事を思い出し、また二日たつと別の事を思い出して、一回一回そこで対処したはずです。人々をキリストに導くのもこのようです。主がその人たちをあなたの心の中に置いてくださるなら、自然と心の中に負担が出てきて、何人か、あるいは何十人かのためにも祈ることができるのです。名前を書く時に最も大切なことは、主があなたの心の中に置いてくださった名前を受け入れることです。勝手に名前を書き連ねるのではありません。もし勝手に書くなら、多くの時間を浪費するでしょう。あなたの働きがうまく行くかどうかは、始まりがよいかどうかにかかっています。神に何人かを与えてくださるよう求めなければなりません。家族、友人、同僚、クラスメート、知人など、自然と彼らの名前が心の中に浮かんできて、あなたにこの人たちが速く救われるように願わせるでしょう。

　このノートはいくつかの項目に分けておくとよいでしょう。第一項目は番号、第二項目は日付、第三項目は名前です。これは、その人が何番目であるか、いつからその人のために祈り始めたかを、わたしたちに思い起こさせます。第四項目もやはり日付です。これは彼の救われた日付です。もし不幸にもある人が世を去ってしまえば、第四項目にはその日を書いてもよいでしょう。このノートの中の人は、書かれなければそれまでですが、いったん書かれてしまったなら、いい加減にはできません。彼が死ぬまで、祈り続けなければなりません。もしその人が亡くなっておらず、まだ救われていないのなら、決して彼のための祈りをやめてはいけません。ずっと祈り続け、彼が救われてはじめて祈りをやめることができます。一人の兄弟は、ある人のために十八年間祈ってやっと救われました。これは、はっきりとは言い切れないことですが、ある人は一年で救われ、ある人は二、三か月で救われるでしょう。一人、二人難しい人がいるかもしれませんが、ついにはやはり救われるでしょう。決していい加減であってはなりません。必ず彼らは救われなければなりません。

C　祈りの最大の妨げは罪である

祈りはテストです。あなたの神の御前での霊的な状態がどうであるかをテストします。もしあなたの霊的な状態が正しく、正常なら、これらの人は一人一人と救われることでしょう。主の御前で求め続けていれば、何日か後、あるいは半月後、一人、二人が救われるでしょう。さらに時がたてば、三人、五人と救われるでしょう。一定の時がたってはじめて人は救われるものですが、もしあまりにも長い時間がたっても祈りが答えられないなら、きっとあなたには神の御前で病があるのですから、神の御前に行って、どこに対処すべき問題があるか光で照らされるよう求めなければなりません。

祈りの最大の妨げは罪です。わたしたちは神の御前で聖《きよ》い生活をすることを学ぶべきです。罪とわかっているものは拒まなければなりません。罪への問題があいまいになって罪を見逃すようになると、祈りは必ず妨げられてしまいます。

罪には客観面と主観面があります。客観面は神の側にあり、主観面はわたしたちの側にあります。客観面では、罪は神の恵みと神の答えを妨げます。イザヤ書第五九章一節から二節は言います、「見よ、エホバの御手が短くて救えないのではない。彼の耳が重く感じて聞こえないのではない。むしろ、あなたがたの罪科があなたがたと、あなたがたの神との間の隔てとなり、あなたがたの罪が彼の顔をあなたがたから隠して、彼は聞いてくださらないのだ」。詩篇第六六篇十八節は言います、「もし、わたしが心の中で罪科を考えていたなら、主は聞かれない」。もし人が罪の問題についてよくよく対処しなければ、神の御前での彼の祈りも自然と妨げを受けるでしょう。告白していない罪、血の下に置いていない罪は、神の御前で大きな妨げとなり、その人の祈りは神に聞かれないでしょう。これが客観面です。

主観面では、罪は人の良心を破壊します。人は罪を犯すと、どんなに一生懸命自分を納得させようとしても、どれほど聖書を読んでも、聖書の中にどれほどの約束があり、神が喜んで受け入れてくださる恵みがどれほどであろうと、その人の良心は弱くなってしまい、縛られてしまいます。テモテへの第一の手紙第一章十九節では、「信仰と正しい良心を保って戦いなさい。ある者は、それらを投げ捨てたために、その信仰について破船してしまいました」と言っています。船は古くても構わないし、小さくてもよいのですが、壊れていたら使い物になりません。同じように、良心も壊れていてはなりません。良心に不安があれば、多くの祈りも祈り出すことができないのです。このようであれば、神の御前で妨げられるだけでなく、人自身の内側にも妨げが生じてしまいます。というのは、信仰と良心の関係は、ちょうど荷物と船のようなものだからです。信仰は荷物のようなものであり、良心は船のようなものです。船に穴があいてしまえば、荷物は落ちてしまいます。良心が強い時には信仰もまた強いのですが、良心に穴があいてしまうと、信仰は漏れ出てしまいます。もしわたしたちの心がわたしたちをとがめるとしても、神はわたしたちの心よりも大きくて、すべての事を知っておられるのです(Ⅰヨハネ三・二〇)。

もしあなたが祈ることのできる人となりたければ、必ず罪の問題をはっきりと解決しなければなりません。かつて罪の中に長く生きてきたのですから、今ほんのわずかでも不注意であれば、すぐに堕落して汚れてしまいます。ですから、罪を対処することを重んじ、必ず神の御前に行って、一つ一つ告白し、一つ一つ血の下に置き、一つ一つ拒み、一つ一つの中から抜け出さなければなりません。そうすれば良心は回復されるでしょう。血で洗われれば、良心は回復し、訴えがなくなるので、自然と神の御顔を仰ぐことができるようになります。決して罪を容認して、神の御前で弱くなってしまってはなりません。もし神の御前で弱くなってしまえば、人のためにとりなすことはできないでしょう。罪が存在するなら、祈りは出てこないでしょう。ですから、罪が第一の問題です。いつも注意し、日々注意していなければなりません。神の御前で十分に対処してはじめて、神の御前でよく祈れるようになり、そうしてはじめて人を主の前にもたらすことができるのです。

D　祈りには信仰があるべきである

もう一つ注意すべき重要なことは、祈りには信仰があるべきことです。もし良心にとがめがなければ、信仰は容易に強くなります。もし信仰が強ければ、自然と祈りも容易に答えられます。

信仰とは何でしょうか？　それは、祈る時に神の約束の言葉を疑わずに受け入れることです。わたしたちに祈らせ、また祈るよう求めておられるのは、神です。神は、「……わたしの手のわざについて、わたしに命じよ」（イザヤ四五・十一）と言っておられるからです。ですから、わたしたちが祈る時、神は答えないわけにはいかないのです。神は、「門をたたけ、そうすれば、あなたがたに開かれる」（マタイ七・七）と言われたのですから、あなたが門をたたくのに開かないわけにはいきません。神は、「捜せ、そうすれば、見いだす」と言われたのですから、あなたが捜しても見いだせないことはあり得ないのです。神は、「求めよ、そうすれば、あなたがたに与えられる」と言われたのですから、あなたが求めても得られないことはあり得ません。もしこのように信じないのであれば、いったいわたしたちは神をどのような神と考えているのでしょうか？　わたしたちは、神の約束は信実であり信頼できるものであることを見なければなりません。信仰は、神を認識することに基づいており、神を深く認識すれば信仰もそれだけ深くなります。あなたはすでに救われて神を認識したのですから、全く問題なく信じてよいのです。あなたが信じれば、神は答えてくださいます。最初から信仰に満ちた人となるように学びましょう。感覚によってでもなく、考えによってでもなく、神の言葉によって信じるのです。神の約束の言葉は、現金のようなものであり、持ってきて使ってよいものなのです。神の約束は神の働きです。約束はわたしたちに神の働きを告げ、働きは神の約束を明らかにします。神の約束を受け入れることは、神の働きを受け入れるのと同じです。神の言葉によって信じ、疑わないで信仰の中に住む時、あなたは神の言葉の真実さを見、祈りも答えられるでしょう。

E　祈れる人となるように求める

兄弟姉妹は、神の御前で祈れる人に、力のある人になるように求める強い心が必要です。ある人は神の御前に力がありますが、ある人は神の御前に力がありません。ある人の神の御前での言葉は神に聞かれますが、ある人たちの言葉は聞かれません。神の御前で力ある者となることは、何を意味するのでしょうか？　それはほかでもなく、その人が語る時、神がその人の語ることを聞かれるということです。それはまるで、神が喜んでその人の影響を受けられるかのようです。ある人は確かに神に影響を与えます。神の御前で力がないとは、神がその人の言葉を聞かれないことです。その人は多くの時間を神の御前で費やすかもしれませんが、神は彼に注意を払われないのです。わたしたちの内側には、祈りがいつも神に聞かれるように願い求める気持ちが必要です。あなたが祈れば神はいつも聞かれるなら、これ以上にすばらしいことはありません。わたしたちは神に求めて、「わたしがあなたの御前で何かを求める時、あなたが喜んで聞いてくださいますように」と言う必要があります。神があなたの言葉を聞かれることほど、栄光なことはありません。あなたが神に信頼されており、あなたが何を求めても神がそれを与えてくださるとすれば、これは大きなことです。

あなたが心の中に負担のある人を神の御前に持ち出して、一人一人求めていくのでしたら、しばらくの後、神が一人を救われるのを見るでしょう。もしとても長い時間がたっても、神があなたの祈りを聞いてくださらないのなら、自分と、あるいは神と交渉しなければなりません。祈りが答えられるためには、常に交渉が必要です。祈りが答えられないのは、きっと病があるからです。あなたがこのことでまじめでなければ、失敗が長く続くでしょう。

こういうわけで、ノートが必要となってくるのです。このノートは、あなたの祈りが答えられたかどうかを知らせてくれるものです。多くの人は、自分の祈りが答えられたかどうか全く知りません。それは記録していないからです。ですから、初信者の兄弟姉妹たちはこのノートを使うよう学ぶ必要があります。そうすれば、あなたの祈りが答えられたかどうかがわかるでしょう。自分と主との間に問題があるかどうかがわかるでしょう。また、いつ自分を対処しなければならないか、いつ神と交渉しなければならないかもわかるでしょう。

かなりの時間がたっても祈りが答えられなければ、何か妨げがあることを知らなければなりません。この妨げは必ず二つのことから出ています。すなわち、良心に罪があるか、信仰に問題があるかです。初信者の兄弟姉妹たちは、初めは祈りの深い面に注意を払う必要はありません。良心と信仰に注意を払うだけで結構です。神の御前で必ず罪を告白し、対処し、拒み、また神の約束を真に完全に信じなければなりません。そうすれば、救われる人が一人一人増し加えられ、あなたの生活の中でずっと祈りが答えられていくでしょう。

F　日々祈る

あなたは周りの人たちのために祈らなければなりません。あなたのとりなしを必要としない人がいるはずがありません。あなたの同僚はどれぐらいいますか？　近所の人はどれぐらいいるでしょうか？　親族や友人はどれぐらいいるでしょうか？　まず神に、一人二人を特別にあなたの心の中に置いてくださるよう求めなければなりません。主が一人をあなたの心に置かれ、あなたによって彼を救おうとされる時、この人の名をノートに書いて、祈りによって彼をいつも神の御前にもたらします。

毎日一定の時間を取り出して、とりなしの働きをする必要があります。一時間でも、三十分でも、十五分でも構いませんが、一定の時間でなければなりません。もし祈るための一定の時間がなければ、一定の祈りがなくなり、ついには祈らなくなってしまうでしょう。ですから、祈りの時間というものを定め、一時間なら一時間、三十分間なら三十分間祈らなければなりません。あまり張り切って二時間などとしてしまうと実行できません。ですから、実行できるように、一時間か、三十分か、十五分がよいでしょう。とにかく一定の時間を取り出して、祈るべき人のために祈るのです。いい加減であってはなりません。毎日このようにしなければなりません。しばらくすれば、罪人が一人一人と救われることでしょう。

G　人のために祈るいくつかの模範

ここでいくつかの例を挙げて、人々がどのようにこの働きをしたかを見てみましょう。

1　一人のボイラーマン

ある日、一人の船のボイラーマンが救われました。彼は自分をキリストに導いてくれた人に、「わたしが主のために第一にしなければならないことは何でしょうか?」

と聞きました。その兄弟は、「主があなたの仲間のうちで特に一人あなたの心の中に置いてくださるその人のために祈りなさい」と言いました。彼と一緒に働いているボイラーマンは全部で十人いましたが、彼は特に一人を思い出し、毎日その人のために祈りだしました。しばらくして、どういうわけかその人にそれを知られてしまい、その人は不愉快に思いました。かなりの時がたって、伝道者がその町に行って福音を伝えました。その集会の後、一人の人が立ち上がって言いました、「わたしもイエスを信じたいです！」。伝道者が「なぜイエスを信じたいのですか？」と聞くと、彼は次のように答えました、「一人の人がわたしのためにずっと祈っているのです。ですから、主イエスを信じたいのです」。この一人のボイラーマンが彼のために祈ったので、彼は初めは不愉快でしたが、祈りの力が彼を屈服させたので、彼は主を受け入れたのです。

2　十六歳の少年

以前、十六歳の少年が建築会社で製図の仕事をしていました。その会社の技師長は性格が悪く、みんなから怖がられていました。この少年は救われた後、その技師長のために祈りました。少年は技師長がとても怖かったので福音を語ることはできませんでしたが、毎日彼のために一生懸命祈りました。しばらくして、その技師長は少年に聞きました、「この会社には二百人以上もの人がいるが、あなたはわたしとは違うようだ。どうしてか教えてくれ」。技師長はすでに四、五十歳であり、少年はわずか十六歳です。この少年は彼に言いました、「わたしは主を信じていますが、あなたは信じておられないからです」。するとその時、技師長は「わたしも信じたい」と言いました。そこで少年は彼を教会に連れて行き、その技師長も救われたのです。

3　二人の姉妹

ヨーロッパには、旅人がいつも泊まれるよう開かれている家があります。正式なホテルではないのですが、旅人を受け入れるのです。主を信じた二人の姉妹の家も、旅人を受け入れていました。ある時、二、三十人も同時に泊まりにきました。やってきた人たちを見ると、豪華な衣服を着ていますが、それにふさわしくないような下品な話をしています。彼女たちは、これは良くないと思い、どうにかしてこの状況を打開したいと思っていました。しかし、彼らの数は多く、自分たちは少ないのです。どのようにしたら勝てるでしょうか？　二人の姉妹はよく考え相談して、彼らが話をする時に、一人がこちらの端に、もう一人が向こうの端に座り、両端で彼らのために祈ることにしました。

一日目に、食後の談話の時、一人はこちらの端に、もう一人は向こうの端に座り、一人一人のために祈りました。一人は一方の端から祈っていき、もう一人は別の端から祈り、一人一人のために祈りました。そのため、その一日目は、みなふざけたり冗談を言ったりできなかったので、どうしてこうなったのだろうと言い合いました。その日、一人の人が救われました。二日目にまた一人の婦人が救われました。そしてこのようにして、一人一人がみな主の御前にもたらされたのです。

ですから、祈りは決して欠くことができません。人を主に導く第一の条件は、人のために祈ることです。計画を立て、順序立てて、毎日、いい加減にせず、その人が救われるまでずっと祈り続けなければなりません。

二　神のために人の前に行く

人のために神の御前に来るだけではまだ十分ではありません。さらに神のために人の前に行き、神がどのような方であるかを語らなければなりません。多くの人は、神には大胆に語れるのですが、人に語る勇気を持っていません。わたしたちは大胆に人に語ることができるように、主がどのような方であるか人に話すことができるように、自分を訓練しなければなりません。人に対して語る時、特に注意すべき事がいくつかあります。

A　決して無意味な議論をしない

第一に、決して無意味な議論をしてはなりません。絶対に議論してはいけないとは言いません。使徒行伝の中にはいくつかの議論が記されていて、パウロでさえ議論しているからです(参照、使徒十七・二、十七、十八・四、十九)。しかし、無意味な議論で人を得ることはできません。時には人と少し議論してもよいのですが、それはそれを聞いている人たちが益を受けるためであって、あなたの救いたい人に対してはできるだけ議論を避けなければなりません。というのは、議論はしばしば人を去らせてしまい、人を導き込むものではないからです。もし人と争うなら、その人は逃げ去ってしまうでしょう。

多くの人は、議論は人の心を感動させると思っていますが、実はそうではありません。議論は人の思考を服させるだけで、人が黙って何も言わないとしても、心の中ではやはり服していないのです。ですから、議論にはあまり益がありません。あなたは議論の言葉を少なくし、証しの言葉を多くすべきです。主イエスを信じてどんな喜びや平安を得たか、主イエスを信じて夜よく眠れるようになったとか、食事にも味わいがあるようになったとかを語ればよいのです。これは議論の余地のないものですから、彼はこのすばらしさを認めることでしょう。あなたの喜びが彼にはなく、あなたの平安が彼にはないことを示してあげれば、彼は必ず主を信じるはずです。

B　事実をつかむ

人々を主に導くこつは、理屈ではなく事実に注意することです。自分の救われた時はどうであったかを考えてみてください。教えがよくわかったから信じたのではないでしょう。多くの人は、教えはとても良くわかりますが、やはり信じません。もしある兄弟が議論して、理屈をもって人をキリストに導こうとしてもできません。

人々をキリストに導くこつは、事実をつかむことにあります。ですから、単純な人は人々を主に導くことができますが、教えをうまく語れる人は人々を主に導くことができるとは限らないのです。ある人は理論をとてもうまく話して、聞く人を納得させることができますが、救うことはできないのです。これでは何の役に立つでしょうか?

かつて一人の老人がいました。彼は救われてはいませんでしたが、礼拝堂に行くのは良い習慣であると思っていたので、毎週自分も行き、家族にも行くように言っていました。しかし、彼が家に帰ってくると、すぐに短気を起こして、口ぎたない言葉の限りを尽くすのです。それで家族の者たちはとても恐れていました。ある日、娘が里帰りしてきました。彼女は主にある姉妹であり、小さな娘を連れて帰ってきました。その老人はこの小さい孫も連れて礼拝堂に行きました。礼拝堂から出てきた時、孫娘は祖父を見て、信者には思えないと感じました。それで祖父に、「おじいちゃん、イエスを信じているの?」と聞きました。その老人は、「子供は余計なことを言うものではない」と言いましたが、しばらく歩いていくと、孫娘はまた「おじいちゃんはイエスを信じていないみたい」と言いました。その老人はまた「子どもは余計なことを言うものではない」と言いましたが、しばらくすると孫娘はまたも祖父に言ったのです、「おじいちゃん、どうしてイエスを信じないの？」。この子は一つの事実を見いだしたのです。すなわち、祖父が礼拝堂に行くのは他の信者たちと違うという点です。この老人はとても怖い人で、多くの人がどうしようもなかったのですが、孫娘にこの質問をされてからだんだんと柔らかくなりました。その日から、彼も主を受け入れたからです。

福音を伝えるには技術が必要です。神の道を知ってはじめて福音を伝えることができます。そうでないと、理屈は合っているかもしれませんが、多くの人が聞きにきても、そのまま出て行くことでしょう。彼らは救われないでしょう。魚釣りをする時、もし真っすぐな針を使ったら魚を釣り上げることはできないでしょう。魚釣りの針は鉤形《かぎがた》になっているはずです。そうであってはじめて釣れるのです。人々を主に導く人は、鉤を使うことを知らなければなりません。ある言葉は人を釣り上げるものですから使いますが、ある言葉は人を釣り上げないので変えなければなりません。事実の言葉は鉤のあるものです。事実の言葉は人を感動させることができます。

C　誠実で熱心な態度を持つ

教理を多く語る必要はありません。更に多く事実を告げる必要があります。それと同時に、その態度は誠実で熱心でなければなりません。人の魂を救うのは、決して冗談事ではありません。かつてこのような人がいました。彼は人を主に導き救いたいと思って祈っていたのですが、その態度が間違っていました。主のことを語りながら、冗談を言うのです。このようにして霊的な力をすべて失ってしまい、結局人々を主に導くことはできませんでした。ですから、態度は誠実で熱心でなければなりません。軽率な態度であってはなりません。これは地上で最も厳粛なことであるということを、人々に見せる必要があります。

D　語る機会が与えられるよう神に求める

あなたはまた、人々に語る機会を与えてくださるよう常に神に祈り求めなければなりません。祈れば、神は語る機会を与えてくださるでしょう。

かつて多くの女の子を集めて、週に一度バイブルクラスを導いていた姉妹がいました。この少女たちはみな同じある会社で働いていましたが、だれもまだ主を信じてはいませんでした。彼女たちのうちで一人、特別きれいに化粧をしていて、とてもごう慢で、何を言っても受け入れようとしない人がいました。姉妹はこの彼女に目をつけてずっと祈り、神に語る機会を与えてくださるよう求めていました。ある日、彼女を家に招いてお茶を飲みたいと思いました。その少女は社交的だったので招きに応じてやって来ましたが、この姉妹は主を信じるように勧めました。少女は次のように言いました、「わたしは主を信じることができません。トランプをするのも好きだし、色々な遊びも楽しいです。それがなくなるのはいやだから、イエスを信じることはできません」。それでも姉妹が、「主イエスを信じたいならトランプ遊びは捨てなければなりません。主イエスを信じたいなら虚栄心を捨てなければなりません。主イエスを信じたいなら、このようにしなければなりません」と言うと、少女は「そんな代価は大きすぎて払えません」と言いました。そこで姉妹は「帰って考えてみてください」と言い、続けて彼女のために祈りました。少女は帰ってから、何とひざまずいて祈ったのです。祈った後、彼女は突然言いました、「わたしは今日から主イエスに従うことに決めました」。彼女は突然変わってしまったのです。どうしてかわかりませんが、彼女の心は突然変わってしまったのです。そして服装も変え、以前のような化粧もしなくなりました。不思議なことが次々と起こって、一年のうちに彼女の勤めている会社の多くの同僚が彼女によって一人一人と主の御前に導かれたのです。

ある人たちは、話しかけるのもとても難しい状態であると、あなたは思うかもしれません。しかし、もしその人のために祈り、主が語る機会を与えてくださるよう祈るなら、彼は変わるでしょう。バイブルクラスを導いたその姉妹は、初めは彼女と話すのを恐れていました。彼女の態度は、自分は何でも知っているし、何でもできるというほどごう慢でした。しかし、主は姉妹に負担を与え、祈らせました。ある時まで祈ったら、主は彼女と話をするようにと言われたのです。その日になって姉妹は何も構わず彼女に話しかけたのです。ですから、一方で祈ることを学び、もう一方で口を開くことを学ばなければなりません。人のために祈った後、必ず一度その人と話をするのです。主の恵みと、主があなたの上でなしてくださった事を語れば、その人は抵抗することができないでしょう。主があなたのためになしてくださった事に反対することはできないからです。信じて間もない兄弟姉妹たちは、日々、人々に対して口を開く機会を主が与えてくださるよう求めなければなりません。多くの人は、長年たっても自分の親族や友人に口を開いて主イエスの事を語ろうとしないのです。これは何と残念なことでしょう。機会はそこであなたを待っているのに、あなたが恐れているので過ぎ去ってしまうかもしれません。

E　時が良くても悪くても語る

以上述べたことは、まず人のために神の御前に行って祈り、それから人に話すということですが、これは祈らなければ語ってはいけないということではありません。初めて会った人にも語らなければなりません。つまり機会を捕らえること、時が良くても語り、時が悪くても語ることです。だれがあなたの手から漏れているかわからないのですから、機会があるごとに語る、つまり常に口を開かなければならないということです。あなたの祈りのノートに名前を挙げた人については絶対に祈らなければなりませんが、あなたが名前を知らない多くの人についても祈る必要があるのです。「主よ、罪人を救ってください。どのような人であれ、姓が何であれ、名が何であれ、どうか彼らを救ってください」。人に会う機会があって、心に感覚があるなら、その人に語らなければなりません。

わたしたちが少しでも不注意であれば、一つの魂を得損ねてしまうでしょう。多くの魂がわたしたちの手から漏れてしまうなど、あるべきではありません。すべての兄弟姉妹がみな主を証しし、多くの人々をキリストに導くようにと願います。

F　注意深く研究する必要がある

あなたが一人の人を主に導いた時は、いつでもさらにそのケースを注意深く研究しなければなりません。ちょうど医者がいろいろな病人の病状を研究するのと同じです。医者はどの病人にも同じ処方箋を書くわけにはいきません。病気を治すためには、その症状に応じて薬を与えるべきですし、病人に応じてその処方をするべきです。人々をキリストに導くのも同様です。この世では、医学を学んでいないのに医者になれる人はいません。同様に、人々を主に導くことを学ばないで、人々を主に導けるようになる人はいません。多くの兄弟姉妹が人々を主に導くことが上手になったのは、毎回自分たちの導いてきた人について注意深く研究しているからです。信じて間もない人は、初めて人をキリストに導いた時、よくよく研究する必要があります。必ず研究しなければなりません。なぜその人は受け入れることができたのか？　なぜこの一言で彼は受け入れたのか？　なぜその人はその言葉を聞いても受け入れなかったのか？　なぜその人はよく聞いていたのに後になって去ってしまったのか？　なぜその人は初めは反対していたのに後ほど受け入れたのか？　なぜ長いこと釣り糸を垂れているのに一匹も釣れないのか？　毎回、聖霊が働かれた理由、聖霊が働かれなかった理由を、捜し出す必要があります。

もし人々をキリストに導く働きで失敗したとしても、決してすべての問題を他の人のせいにしてはなりません。すべて人々を主に導くことのできる人たちは、自分にどのような問題があるのかを調べます。魚が岸にはね上がってこないものかと海岸で待っていてはなりません。人々を主に導くことは、それほど容易ではありません。病はいったいどこにあるのか、時間を費やして研究しなければなりません。人々を主に導くことは技術を要し、その技術はわたしたちが人を導く時に学ぶことから出てきます。失敗しても、なぜ失敗したのかを見て学び、成功しても、なぜ成功したかを見て学ぶのです。毎回なぜそうなったかを研究すべきです。

もしよくよくこのようにするなら、多くの学課を学び取るでしょう。そしてとても不思議なことがわかるでしょう。すなわち、この世の人々は、主を信じるというこのことについて何種類かのタイプがあるだけなのです。もしあるタイプの人に出会えば、そのタイプの話をすれば彼はもう半分は主を受け入れるでしょう。逆に、別のタイプの話をすれば、反対してきっと信じないことでしょう。もしこれらいくつかのタイプの人たちを扱うことができれば、たいていの人たちを扱うことができるでしょう。あなたは、祈りのノートにある人たちを扱うこともできますし、偶然出会った人を扱うこともできます。あなたの前に人がいさえすれば、それは彼に証しをする機会なのですから、すぐに彼がどのようなタイプの人かを見分けることができるでしょう。このタイプの人にはこの方法でいけばよい、このタイプの人にはこの言葉を語ればよいと、自分の内側でわかっていれば、彼らの多くは救われるでしょう。もし一つ一つのケースを研究していくなら、一、二年すれば、人を救う技術を持つ人となるでしょう。ある時、人を救う人は知恵のある人であると認めるでしょう。もし神があなたをあわれんでくださり、あなたに人を数十人、数百人と救いに導かせてくださり、あなたがそこでよくよく研究するなら、人を救う大きな力のある人となることでしょう。

付録・・ビラを配る

A　ビラには時間の制限がない

過去二、三百年間、神は特にビラを用いて人を救われました。ビラを使って人を救うのには、一つの特別な利点があります。人の口から語ることには、時間の制限や人の制限があります。あなたは一日二十四時間ずっと語ることはできませんし、あなたが語る時に聞く人のほうが都合がよいとは限りません。あなたがとてもすばらしい事を語ったとしても、そこにいない人もいるのです。しかし、ビラには時間の制限はありません。どんな時でもあなたはビラを配ることができますし、人はいつでもそれを受け取ることができます。さらにその人はどんな時でもそのビラを読むことができます。今日は時間がなくて、話を聞いたり、集会に来たりできない人でも、ビラには時間の制限がありません。道を歩いている人にそれを手渡して読んでもらうことができますし、料理をしている人に手渡して読んでもらうこともできます。仕事をしている人にも手渡すことができるのです。これが第一の利点です。

B　ビラは完全に福音を伝えることができる

多くの人は熱心に主のために証しをし、人々をキリストに導こうとするのですが、自分自身まだ十分把握していないし、言葉も足りないので、福音を詳細に伝えることができず、福音を完全に伝えることができません。ですから、信じて間もない兄弟姉妹たちは、さまざまな方法で人々をキリストに導くほかに、暇のある時に良いビラをできる限り配るべきです。このビラが、あなた自身にはできないことをしてくれるからです。

C　ビラは人々によって影響されない

ビラにはもう一つ利点があります。ときどきわたしたちが人に福音を語っている時、情に妨げられてしまって厳粛な言葉を重々しく語ることができません。ビラにはそのようなことはありません。どのような人の前に出ようと、語るべき言葉を語ります。生きている人が伝えるのでしたら、やはり人の影響を受けてしまいます。ビラが伝えるのでしたら、人の影響は受けません。ですから、救われたばかりの兄弟姉妹、ビラを使って種まきをしましょう。

D　ビラをまくことは種をまくことである

ビラをまくことには、もう一つ特別に良い点があります。それは至る所に種をまくことができることです。旧約の中で言っているように、水のほとりに種をまくのです。今日一日で三人、五人、十数人に語るのはとても多くの時間がかかりますが、もしビラを配るのでしたら一日に平均で千枚、二千枚、三千枚を難なくまくことができます。千枚で人が得られるなら十分です。ですから、救われて間もない人は、大量のビラを手渡すことを学ぶ必要があります。

E　神はビラを使って人を救われる

神はまことにビラを使って人を救われます。ある人は家の門のすき間にビラをはさみましたし、ある人はもっぱらビラを郵便箱の中に投げ込んでいました。ある人は道でビラを受け取りましたが、捨ててしまいました。すると別の人が通りかかったのですが、靴の底の釘が浮いてきて足がとても痛かったので、何か入れるものがないかと捜し、そのビラを拾って靴の底に敷きました。家に帰って靴を直そうとした時、そのビラを読んで救われたのです。ビラを使ってこのように人が救われた例はたくさんありますし、それらのいくつかはとても不思議なものです。

F　よくよく祈り、専心して行なう

救われたばかりの兄弟姉妹たちは、時間のある時、ビラを袋に入れ、持って行って配りましょう。このことでは、人々をキリストに導くのと同じように、よくよく祈り、専心して行なうことが必要です。配る時に一句、二句の言葉を添えてもいいし、何も言わなくてもいいのです。救われたばかりの人たちがもしこのようにするなら、きっと大きな助けを得ることでしょう。

人々をキリストに導く

2012年1月10日　初版印刷発行　定価250円（本体238円）

著　者　ウ　オ　ッ　チ　マ　ン・ニ　ー

発行所　ＪＧＷ日　本　福　音　書　房

〒151-0053 東京都渋谷区代々木1-40-4

TEL 03-3373-7202　FAX 03-3373-7203

（本のご注文）TEL 03-3370-3916　FAX 03-3320-0927

振替口座００１２０－３－２２８８３

落丁・乱丁の際はお取りかえいたします。

ISBN978-4-89061-618-3 C0016 ¥238E